Bibliothèque nationale de France

Direction des collections

Département Littérature et Art

Répertoire du CHAT NOIR
2ᵐᵉ série
CHANSONS
OBSCÈNES
par
VICTOR MEUSY
ILLUSTRATIONS de
Fernand Fau
PARIS
J. B. FERREYROL, ÉDITEUR
40 — RUE DE SEINE — 40

Reliure serrée

CHANSONS

MODERNES

SAINT-DENIS. — IMPRIMERIE BOUILLANT, 20, RUE DE PARIS

VICTOR MEUSY

Chansons

MODERNES

ILLUSTRATIONS DE FERNAND FAU

PARIS

J. B. FERREYROL, ÉDITEUR

49, RUE DE SEINE, 49

1891

Tous droits réservés

Livre sans préface
Et sans résumé
(Ni pile ni face)
Te voilà fermé !

Es-tu réaliste ?
En tes vers ardents
As-tu mis la liste
Des mots décadents ?

Porte-tu le masque
Fin de siècle, ou bien,
Être plus fantasque,
Ne porte-tu rien !

Crains-tu l'hypocondre
Et ses maux de cœur !
... A toi de répondre ;
Pars et sois vainqueur !

Si la blague amère
Te rends tout meurtri ;
Souris à ton père,
Mon enfant chéri !

Janvier 1891.

1.

O SACRÉ CŒUR DE JÉSUS

CANTIQUE GAULOIS

Musique de l'auteur

O sacré cœur de Jésus.

O SACRÉ CŒUR DE JÉSUS

CANTIQUE GAULOIS

Nous avons deux cathédrales,
    L'une un monument
Dépassant le toit des halles,
    Bien modestement;
Mais l'autre est reine des reines
    Si près d' l'Éternel
Qu'on fit ses tours souterraines,
    Pour pas crever l' ciel !

Refrain

Sur la butte en butte aux luttes
Des élus et des damnés ;
Les séraphins étonnés
Disent, soufflant dans leurs flûtes,
O sacré cœur de Jésus;
Doux Jésus, doux Jésus;
O sacré cœur de Jésus,
Qui donc t'a f..lanqué la d'ssus.

Sainte Marie Alacoque,
    Au plus haut des cieux,
Chante en pleurant comme un phoque
    Des cantiqu' s joyeux;
Puis pensant guérir sa dartre,
    Le bon pèlerin,
En geignant monte à Montmartre
    La prier un brin.

    Sur la butte, etc.

La concurence est complète,
    Ton temple est trop près
Du Moulin de la Galette,
    A Monsieur Debray ;

Jamais ton sacré cantique,
       Ne pourra lutter
Avec la folle musique
       Qui fait chahuter

    Sur la butte, etc.

Dans ta nef aux vents ouverte
       Comme un reposoir,
On n'aura pas l'absinth' verte
       Q'on verse au *Chat-noir* ;
Et quelque règle qu'observe
       Ton prédicateur,
Il n'aura jamais la verve
       D' Salis l'orateur !

    Sur la butte, etc.

Sur ce vieux tertre de glaise,
       Pourquoi t'installer,
Quand tu t' croiras bien à l'aise
       Tout va s'écrouler,
Et quand tu seras par terre
       Honteux et sali,
T'entendras crier Voltaire :
       A la chie-en-lit !!

    Sur la butte, etc.

OLD "CHAT NOIR'S" SKETCH

OLD "CHAT NOIR'S" SKETCH

Air des *Portraits de Famille*

Faut que j'vous bross' les silhouettes
Les physionomies très chouettes
Des gens qu'on rencont' chaqu' soir
A la chapell' du Chat noir :

Qui qui fait des effets d' cuisse ?
    C'est le suisse.
Qui qui fait sa bouche en cœur ?
    C'est l' chasseur.
Qui qui vous sert sans façon ?
    C'est l' garçon.
Qui qui trouv' tout ça très chic ?
    C'est l' public.

On peut y voir des gravures,
Des peintures, des sculptures,
Le 12 de la ru' d' Laval,
C'est l' vrai salon triennal,

Qui qui peint Pierrot Pierrette ?
C'est Willette.
Qui qui campe un vétéran ?
C'est Caran.
Qui qui peint le poil la lein' ?
C'est Steinlen.
Enfin qui qui pain d'épic' ?
C'est Salis.

Dans un salon magnifique
Où l'on fait de la musique,
A l'abri des chahuteurs
On applaudit les auteurs.

Sur l' piano, qui qui suit le chant ?
    C'est Tinchant.
Qui qui chante en amateur ?
    C'est l'auteur.
Qui qu' applaudit en artiste ?
    L' journaliste.
Et qui qui s'est trouvé pris ?
    Tout Paris.

LES AFFICHES ÉLECTORALES

LES AFFICHES ÉLECTORALES

Musique de Paul Delmet

Sous mon œil qui s'écarquille
    Comm' un' coquille,
J' vois tous les murs de Paris
    Cesser d'être gris.

Sur les maisons, sur les quais
    Comm' des bouquets,
Fleuriss'nt des déclarations
    Sans convictions.

Ya moins d' tons dans l'arc-en-ciel,
    Bonté du ciel !
Qu'on voit d' couleurs d'opinions
    Sur nos pignons.

L' candidat content de peu
    Sur papier bleu ;
C'lui qui dit : « Le peuple bouge, »
    Sur papier rouge.

L' candidat qui peut attendre,
    Papier vert tendre ;
C'lui qui dit : « j'en suis, j' m'en flatte,
    Fond écarlate.

L' candidat pâle et poltron,
    Papier citron ;
C'lui qu' dit : « eh bien, v'nez-y ! »
    Fond cramoisi.

Le candidat à la pose
    Sur papier rose ;
C'lui qu'est pauvre et qui travaille
    Sur papier paille,

L' candidat d'la royauté,
    Papier bleuté ;
Le candidat communard
    Sur fond homard.

L' candidat qu' Victor procure,
   Vert pomm' pas mûre;
C'lui qu' Boulange a r'commandé,
   Fond dégradé.

Et pardessus tout, c' qui tranche,
   C'est l'affich' blanche
Offrant du gouvernement
   Le boniment,

Mais c' qu'on n' voit plus dans la ville,
   J' m'en fais d' la bile,
C'est l'affiche à Clémenceau,
   Papier ponceau.

3.

PARIS PORT DE MER

PARIS PORT DE MER

On dit que nous allons avoir
   L'Océan dedans la Ville,
Quand ça se raconte au lavoir
   Tout le monde jubile.
     « Ma chèr' pensez-vous ?
     La Mer à vos g'noux

C'est çà qui vous rend fière ! »
Paris-Port de Mer,
Tel est le vœu cher
A la ville Lumière.

Avant d'avoir la Mer, piquons
Un' point' dans l'hypothèse,
Car en ce moment nous manquons
De plage et de falaise,
Dans l'eau qu' nous buvons
On trouv' des savons,
Des microb's et des loques.
Quand la Mer viendra,
Dans l'eau qu'on boira,
On trouv'ra des p'tits phoques.

On verra des bassins à flots
Se creuser dans nos rues ;
Là, les marsouins, les cachalots
Taquin'ront les morues.
Plus d'montre à r'montoir
Pour s'orienter l' soir,
On aura sa boussole,
Lâchant leurs sapins.
Les cochers rupins
Nous mèn'ront en gondole.

Enfin toute un' population
    Aux vertus natatoires,
Pour marquer sa satisfaction
    Se frotte les nageoires,
        Sout'neurs et fripons,
        Casquett's à trois ponts
    Désertant Montpernasse.
        La mer vous r'prendra
        On vous ramass'ra
    Sur l'sable à marée basse.

CHASSEUR ET TROTTIN

CHASSEUR ET TROTTIN

Musique de PAUL DELMET

Tout battant neuf
Vêtu d'Elbeuf
D'un bleu céleste,
Des galons d'or,
Comme un major,
Ornent sa veste.

La petite a
L'air moins bêta
Sous sa capote,
Le nez en l'air
Elle a le flair
D'une cocotte.

Il est trapu,
Blond et crêpu
Comme une éponge ;
Intéressé,
Et bien dressé
Pour le mensonge.

Elle n'a pas
De gros appas,
Mais sa bottine
A par moment
Un craquement
Qui vous taquine.

Il va, très lent,
L'air insolent
D'un petit page,
Très impoli,
Il porte un pli
Pour tout bagage.

Sans embarras
Son maigre bras
De sauterelle,
Tient les cordons
De deux cartons
Bien plus gros qu'elle.

Gommeux parfait,
Comme il lui fait
L'œil en coulisse ;
Comme elle a bien
Pris le maintien
D'une novice.

« Vous allez loin ? »
« — Je vais au coin
« Près de la Poste
« Tout près d'ici, »
« — J'y vais aussi »
Et l'on s'accoste.

Elle a treize ans
Et deux tyrans :
Ses père et mère.
Dix-sept ans, lui
... Et d'aujourd'hui...
Fils d'écuyère !

Il n'est pas laid.
Elle lui plaît,
Ils se le disent.
Pour se revoir,
Au moins un soir,
Tous deux avisent.

« Tu m'attendras ? »
— « Quand tu voudras. »
Alors, rêveuse,
Le front penché
Elle a cherché...
Enfin, joyeuse :

« Tiens, veux-tu, hein ?
« Mardi prochain,
« A ce refuge
« Je viens tout droit;
« Maman me croit
« Chez mon vieux juge ! »

JE LA REGARDE ENCORE

JE LA REGARDE ENCORE

Musique de G. Marietti

De Paris j' suis enfin de r'tour
   Et j' reviens plein d'extase !
Ah ! mes enfants qu' c'est beau la tour !
   Surtout quand elle s'embrase ;
J' n'ai fait l' voyag' que pour la voir,
   J' la r'gardais dès l'aurore
Et quand sonnait onz' heur's du soir...
   Je la r'gardais encore !

Les gens d' Paris sont des gaillards,
   On voit leur tour de force ;
Son front géant fend les brouillards,
   Ses pieds n'ont pas d'entorse,
Son phare qu'à cent lieues on voit
   Est comme un météore ;
Quand l' temps est clair, du haut d' mon toit ;
   Je la regarde encore !

Pour contempler ses traits chéris,
   J'ai rapporté d' voyage
Cinquant' biblots pris à Paris,
   Objets d'art et d' ménage.
J' l'ai sur la pomm' de canne à jour
   Qui dans ma main s' dédore ;
Quand j' prends ma tour pour faire un tour,
   Je la regarde encore !

Tous les soirs, sur un' tour Eiffel
    Je souffle ma chandelle,
A table ell' porte poivre et sel,
    Elle orne la vaisselle.
Au beau milieu de mon miroir
    Sur un fond tricolore
J'ai peint la tour et quand j' veux m' voir...
    Je la regarde encore !

J' possède un vase, un vrai bijou,
    Chef-d'œuvre incomparable
Qui vaut bien cent francs comme un sou
    Et qui s' met dans un' table,

Il est d'usag' d'y peindre en rond
    Un œil qui vous implore,
Dans l' mien c'est la tour qu'est au fond...
    Je la regarde encore !

N.-B. — Par autorisation de l'Éditeur, ALPHONSE LEDUC, 3, rue
        de Grammont, Paris.

LE MATIN AU BOIS DE BOULOGNE

LE MATIN AU BOIS DE BOULOGNE

La brise apporte de l'étang
Un relent pimenté d'ylang,
D'eau de Cologne
Et sans consulter l'écriteau
On s'aperçoit que l'on est au
Bois de Boulogne.

Là le poète buissonnier
Va contempler le cantonnier,
     Au matin rose,
Quand ce paisible et froid dompteur
Dressant son boyau constricteur
     Au loin arrose.

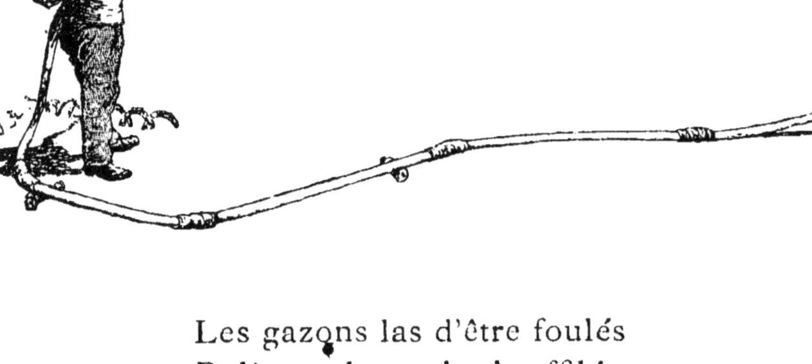

Les gazons las d'être foulés
Relèvent leurs dards effilés
     Pleins de rosée ;
Sur les joncs glissent des vapeurs
Pareilles aux lents promeneurs
     D'un Elysée.

Des papiers gras de cent couleurs
Disséminés comme des fleurs
     Trompent l'Abeille.
On peut compter sous les buissons
Les jambonneaux, les saucissons
     Mangés la veille.

Attiré par les gazouillis
Vous pénétrez dans les taillis
      Pavés de fraises;
Les petits fruits au ton vermeil
Semblent tombés là du soleil
      Comme des braises.

On s'attend à chaque détour
A déranger dans son séjour
      Sylvain ou Faune.
Entre les chênes brusquement
Disparaît le profil charmant
      D'une amazone.

C'est le moment de s'installer
A l'ombre pour voir défiler
      La cavalcade;
Le cou tendu sur le garrot
Les gentlemen s'en vont au trot
      A la cascade.

Les grandes dames *Sans-maris,*
Les demoiselles *Tout-Paris*
      Tiennent les rênes;
Mais leurs chars n'ont rien de Romain
Et les tournants du grand chemin
      Sont leurs arènes.

Quel est ce bruit lointain encor
De grelots, de fouets et de cor ?
    Galop de meutes ?
Non c'est un COACH horrible à voir
Sur lequel vont sans s'émouvoir
    Des thérapeutes.

Et le poète devient sourd
Au bruit de ce camion lourd
    Et britannique.
Il lui semble qu'en cet instant
Tout ce qu'il voit est protestant
    O hestétique !

Déjà la poussière a terni
L'herbe et fait de Longchamps jauni
    Une Sologne.
De son nuage descendu
A pied, le Poète sort du
    Bois de Boulogne.

L'OMBRE DE DÉSAUGIERS

ET LE PARIS DE 1890

L'OMBRE DE DÉSAUGIERS

ET LE PARIS DE 1890

J'ai dans une page
Dépeint ton tapage,
Tu n'étais pas sage
Paris d'autrefois.
Mais ton tintamarre
Aujourd'hui m'effare
Et mon pied s'égare
Sur ton sol en bois.

Le téléphone
Me rend aphone
Et je tatonne;
Pris de cécité
Brûlant mon aile
A la chandelle,
Que l'on appelle
L'électricité.

Où sont les grisettes
Croquant des noisettes
Et dont les risettes
Nous coûtaient si peu !
Je vois dans les rues
Les modernes grues,
Vivantes recrues
De Gomorrhe en feu !

Que de peintures
Sur les figures,
Que de teintures
Au moindre chignon ;
La brune est fauve,
La blonde est mauve
Et la plus chauve
Reteint son tignon.

Poursuivant ma course
J'arrive à la Bourse,
Là je vois la source
De ton mouvement,
C'est l'or qui t'anime
O foule anonyme
Et le jeu fait prime
Éternellement.

Voyez les cotes
Et les cocottes,
Valsez Bank-notes
Au fond des goussets;
Les courses plates
Et les régates,
A nos socrates
Servent de hochets.

EN REVENANT DE LA FOIRE

EN REVENANT DE LA FOIRE

Musique de Paul de La Ronde.

Trois marchands d' bœufs revenant de la Foire
Causaient entre eux en vidant des pichets.
Ces bons amis devisaient après boire,
Chacun disant ses vœux et ses projets.
L'un qu'était maigre et grand comme une asperge,
Le front chaussé d'un bonnet de coton
En s' dandinant d'vant l' comptoir de l'auberge
Le verre en main, s'exprimait sur ce ton :

« Je voudrions que tout c' qu' est terr' sur terre
« Compris la boue et la poussière encor,
« Que j'en serions le propriétaire;
« Et puis qu' tout ça, ça n' soye que de l'or! »
A ce tableau, les deux autr's camarades
S'entre regardent en louchant de dépit
L' plus p'tit des deux, très fort en gasconnades,
Sans s'émouvoir, lève son verre et dit :

« Té, zé voudrais qu' toute la mer imminse
« Soye de l'incre et qu'en la ménagint
« Elle s'épuise avant qu' ma plume mince
« Ait pu tracer l' total de mon argint ! »
Lors, le troisième, un auvergnat. se lève,
« Je chouaite que ché chose il existat.
« Que chacun d' vous, touch' enchemble, j'il crève
« Et puis que j' chois vouchtr' héritiat ! Fouchtra !

N. B. — Par autorisation de l'éditeur, A. LEDUC, 3, rue de
Grammont, Paris.

UNE PREMIÈRE AU FRANÇAIS

UNE PREMIÈRE AU FRANÇAIS

Comme on se penche anxieux et morose
Pour éveiller un malade alité,
C'est tout en proie à l'horrible névrose,
Que j'interroge l'actualité.

Rien de nouveau, rien qui vaille la peine
Sous le soleil aux reflets pàlissants,
Les camelots en vain perdent l'haleine
Sans que leurs cris arrêtent les passants.

Hier, pourtant, un fait considérable
Faillit troubler l'universel ennui,
A son voisin en se mettant à table
Chacun disait : « c'est donc pour aujourd'hui ! »

— Sur cette scène où l'art français rayonne,
Où l'on peut voir les acteurs les meilleurs.....
... (S'ils ne sont pas en tournée à Bayonne,
A Carpentras, à Lille ou bien ailleurs.)

Un rude esprit, moderne Diogène
Allait enfin affronter le public
Et maints Docteurs, de la *Parisienne*,
Tiraient d'avance un bon diagnostic.

« Vous allez voir » disait-on, « quel sarcasme,
« Quel dialogue alerte et personnel,
« Auprès, Sardou semble être un cataplasme,
« Tant Henri Becque à d'esprit et de sel ».

Nous l'avons vue, hélas ! cette merveille
Elle a produit un effet saisissant ;
Plus d'un critique enthousiaste la veille
S'est endormi même en applaudissant.

L'auteur a bec et ongles pour répondre,
Mais il attend en silence à son banc,
Car ses *Corbeaux*, dit-on, vont bientôt pondre,
Et lui donner un nouveau merle blanc.

CE QU'ON MANGE A PARIS

CE QU'ON MANGE A PARIS

En province on mange c' qu'on peut,
A Paris on mange c' qu'on veut;
Avec quinze ou vingt sous par tête
    On fait la fête.

C'lui qu'a pas l' rond y rong' son frein,
Puis, à forc' de l' voir dans l' pétrin,
On attribue à la farine
    Sa mauvaise mine!

C'lui qu'a deux sous mang' du pain sec
Et après, pour se rincer l' bec
A la Walace y s'éclabousse
    D'un peu d'eau douce.

Les troupiers, sans se dire un mot,
Pendant des heur's croquent l' marmot

Assis d'vant l' goss' qu'a pour gamelle
Un' gross' mamelle.

L' prodigue y mang' son capital,
Et pour digérer tout c' métal,
Y boit un coup et y trépasse
    Dans la grand' tasse.

L'avare y s' met pas dans les frais,
Mais y n' boulot' pas un œuf frais
Sans passer la coquill' neigeuse
    A la tondeuse.

C' que la cocott' met sur son pain
C'est du pigeon ou du lapin,
L' pigeon, c'est ell' mêm' qui l'allume
    Et qui le plume !

Ell' met les plum's sur son chapeau,
Mais du lapin ell' n'a qu' la peau :
Au lieu d' la nourrir çà la creuse,
    La malheureuse !

Enfin on voit sur le mêm' banc
Où vient ronfler l' mangeur de blanc,
L' broyeur de noir s' rincer la dalle
    Avec un' balle !

LA COMPLAINTE DE GOUFFÉ

LA COMPLAINTE DE GOUFFÉ

Peuples de France et mêm' d'ailleurs,
Fantassins, dragons, artilleurs
Écoutez c't' histoir' lamentable
        Épouvantable.

Il s'agit d'un nommé Gouffé,
Qu'un scélérat a étouffé,
Puis mis dans un' boîte, en sourdine,
        Comme un' sardine.

C' Gouffé c'était un vrai gripp' sou
Et celui qu'y a tordu l'cou
Avait souvent m'né d' la pratique
        Dans sa boutique.

Eyraud (c'est le nom d' l'assassin)
Caressait un mauvais dessein
Un jour il dit à sa maîtresse :
    « V'là c' que j'caresse.

Gouffé l'huissier, c'est un coureur
Tu vas lui faire *à l'amant d' cœur*
Tu lui diras que t'es tout' seule
    Et pas bégeule.

Dam' lui qu'est chaud comme un lapin
Pour sûr il va couper dans l' pain
Et pour payer cett' petit' frasque
    Faudra qu'y casque. »

A ces mots la fille Bompard
D'un grand éclat de rire part
Et donne un baiser comm' réponse
    A son Alphonse.

Dès lors le crime est résolu
Et comme Eyraud a beaucoup lu,
Y s'en va à la découverte
        D'un' ru' déserte.

Au 3, rue Tronçon-du-Coudray,
Un coin qui semblait fait exprès,
Y s'abouche avec la portière
        Un' femm' pas fière.

Y loue un rez-d' -chaussé' meublé
En lui payant un mois d'amblé,
Puis il y fait venir tout d' suite
        Sa p'tit' marmite.

Y fait r'toucher par l'enballeur
Un' malle qui n' manquait pas d'ampleur
Et qu'il avait ach'té naguère
        En Angleterre.

Alors pour qu'y ait pas d' micmac
A Bompard y fait coudre un sac,
Puis il install' un' gross' ficelle
        Au d'ssus d' la ruelle.

A la fill' quand tout fut rangé
Il dit d'un p'tit air dégagé :
« Tu d'vrais prom'ner ton manteau d' martre
        « Faubourg Montmartre. »

Gabriell', c'est son petit nom,
Partit sans dir' ni oui ni non
En t'nant sa robe un peu r'troussée
        Sur la chaussée.

Ell' n' tarda pas à rencontrer
Le pauv' huissier, qu'allait rentrer
Compter son or, dans son étude
        Comm' d'habitude.

Ell' lui fit un r'gard langoureux,
Si bien qu'il en d'vint amoureux,
Ell' lui donna tout' sa tendresse
        Et son adresse.

Gouffé promit d'aller la voir,
Hélas! s'il avait pu savoir!
Il eût mieux fait de faire un somme
        Le pauv' cher homme.

Au jour dit, il se décida.
A la port' de cett' Amanda,
Il vient agiter la sonnette
        La conscienc' nette.

A l'homm' de loi qui va mourir
Gabriell' elle-mêm' vient ouvrir,
Ell' s' laisse embrasser sur la bouche ;
     C'était bien louche.

L'huissier lui dit : « Petit démon,
O Gabrielle, prenez mon…. »
Mais plus rapide qu'un coup d' lance
     Eyraud s'élance.

Le gars n'est pas un écolier,
De ses mains faisant un collier,
Il assoit Gouffé sur un' chaise
     Mal à son aise.

C'est la première fois ; pensez-y,
Que l'on voit un huissier saisi
Par son client, car, d'ordinaire,
        C'est tout l' contraire.

Enfin, au dieu des bonnes gens,
Gouffé rendit, au lieu d'argent,
Son âme lourde, épaisse et noire
        Comme un grimoire.

Le lâche assassin aussitôt
Fouilla son gilet, son pal'tot
Et ne laissa sur la victime
        Pas un centime.

Ayant pris au trousseau d'acier
Les clés de l'étud' de l'huissier.
Il se dit : « courons ventre à terre
        Au secrétaire. »

8.

Mais là ne trouvant qu' du papier,
Il s'en revint toujours à pied,
Pour retrouver sa bien-aimée
 Qu'tait enfermée.

Se mettant à l'œuvre tous deux
Pour empaqu'ter le malheureux,
Ils fic'lèr'nt la triste dépouille
 Comme un' andouille.

Gouffé fut introduit dans l' sac,
Cousu très solid'ment et : crac,
Eyraud l' flanqua dans la grande malle
 Raide comm' balle

Le lendemain, de bon matin,
Le monstre infàme et sa catin,
Du côté d'une grande gare
 Filaient dar' dare,

Ils prirent la ligne P.-L.-M.
(Ces trois lett' là ça fich' la flem')
Et lorsqu'à Lyon ils arrivèrent,
        Ils débarquèrent.

C'est là que dans un phaéton,
Eyraud s' faisant automédon,
Prom'na le mort et sa compagne
        Dans la campagne.

C'est dans le bois de Millery
Qu'il balança le corps meurtri,
De celui qui fut sa victime,
        Dans un abîme.

Quand on découvrit le forfait,
A Paris ça fit un effet!
On n' trouvait rien, c'tait un supplice
        Pour la police.

Mais quand on r'trouva les débris
D' la mall' brisé', des os pourris,
Dans l' cœur du brav' brigadier Jaume
    Ça r'mit du baume.

Tous les matins, Monsieur Goron
Faisait brûler un cierge d'un rond
A Saint'-Gen'vièv', pour qu'ell' lui fasse
    R'trouver la trace.

. L' chef d' la sûr'té fut entendu,
Son argent n'était pas perdu.
D'vant lui Gabriell' se présente
    Tout souriante.

« Me v'là, dit-ell', mais mon amant
Est en Amérique en c' moment.
J' vais vous raconter tout' l'affaire,
    Je n' peux plus m' taire. »

Or, par hasard, dans cet endroit
Se trouvait un limier adroit,
Qui s'écrie en voyant sa tête :
    « Je vous arrête ! »

Depuis c' jour dans tous les coins,
    Ici, tout près, là-bas, très loin,
Ainsi qu'un bœuf gras phénomène
    On la promène.

L'aut' jour, avec Monsieur Doppfer
Elle est montée en chemin de fer.
Elle aim' beaucoup la rigolade
    Et la ballade.

C'est une injure à l'opinion,
D' voir comme on traite c' faux chignon,
Tandis qu'y a tant de pauv' mères
    Qu'ont des misères.

Sans savoir jusqu'où va son tort,
Moi j' voudrais qu'on commenc' d'abord
Par lui donner un' bonn' raclée
    A c'te traînée.

Ceci nous montre que parfois
Les huissiers ne sont pas de bois,
Et qu'on fait de sal's connaissance
Dans les finances.

Éditée chez Lissarrague, 10, rue Taitbout, Paris.

LES CHOUX

CHANSON D'ENFANT

Musique de PAUL DELMET

Allegretto.
Très doux et très simple.
1er COUPLET.
Au grand parc je pré_fè_re No_
_tre pe_tit ver_ger. L'hi_ver, j'ai_me la
ser_re, L'é_té, le po_ta_ger. Ce
que je vais vous di_re Vous rendra-t-il ja_
_loux Quel_que cho_se mat_ti_re Vers
le car_ré des choux. Que n'ai-je pu con_
_naî_tre Le chou qui ma vu
naî_tre Je l'au_rais tant ai_
Rall.
_mé Mon jo_li chou pom_mé!

LES CHOUX

Au grand parc je préfère
Notre petit verger,
L'hiver j'aime la serre,
L'Été, le potager,
Ce que je vais vous dire
Vous rendra-t'il jaloux !
Quelque chose m'attire
Vers le carré des choux.

> Que n'ai-je pu connaître
> Le chou qui m'a vu naître,
> Je l'aurai tant aimé
> Mon joli chou pommé !

Ils ont la tête ronde
Et le cœur plein, les choux,
Quand nous venons au monde
On nous trouve dessous.
Leur peau tendue et lisse
Me fait plaisir à voir,
Je pense à la nourrice
Qui m'endormait le soir.

> Que n'ai-je pu connaître
> Le chou qui m'a vu naître,
> Je l'aurais tant aimé
> Mon joli chou pommé !

Dès qu'une feuille bouge
J'accours, le trouble au cœur,
Chou milan ou chou rouge,
Verrai-je frère ou sœur.
Hélas rien ne se montre,
Je retourne à mon banc,
C'est là que je rencontre
Cet ennuyeux chou blanc.

Que n'ai-je pu connaître
Le chou qui m'a vu naître,
Je l'aurai tant aimé
Mon joli chou pommé!

Je trouve qu'on néglige
Le plan de mes amours,
Si les soins qu'il exige
Étaient donnés toujours,
J'aurais un petit frère
Ou deux au moins oui, mais
Papa n'y descend guère,
Maman n'y vas jamais.

Que n'ai-je pu connaître
Le chou qui m'a vu naître,
Je l'aurais tant aimé
Mon joli chou pommé!

La musique se trouve chez Tellier, éditeur, 23, rue Auber.

FREYCINET HISTORIQUE

FREYCINET HISTORIQUE

Carnot a chargé Freycinet
De faire un nouveau cabinet,
En apprenant ce trait d'audace
Tirard s'en est voilé la face.
On comprend mal cette émotion
Car, d'après un usage antique
C'est là le seul moyen pratique
De sauver un' situation.

Jadis Grévy prit Freycinet
Pour former plus d'un cabinet ;
Avant lui Mac-Mahon le sage
En avait fait un même usage.
De Thiers on connaît l'opinion :
« Un chat » disait l' grand patriote
« Dévid'rait moins vit' une p'lote
« Qu' Freycinet un' situation.

L'Emp'reur songeait à Freycinet
Pour former un grand cabinet,
Mais Louis-Philip' trop économe
Ne sut pas s'attacher cet homme.
Au temps de la Restauration,
Se cachant sous un pseudonyme
Il a sauvé l'ancien régime
Dans plus d'une situation.

Le roi Soleil prit Freycinet
Pour présider son cabinet :
« Voyez Messieurs, comme il louvoie ! »
Disait le monarque avec joie.
. . . .
Arrêtant là mes citations,
On voit que la p'tit' souris blanche
Trouvera du pain sur la planche
Tant qu'y aura des situations.

MA PRISON

Au fond de mon cachot, si haute est la lucarne
Et peu large la baie ouverte sous les cieux,
Que dans le mur épais on ne distingue mieux
    Qu'un barreau qui s'incarne.

Le siège unique est fait, dérision amère,
D'un bois de guillotine égueulé par les ans.
La lunette grimace aux baisers méprisants
    De sa victime passagère.

En dépit de l'horreur que ma prison m'inspire,
J'éprouve chaque jour d'impérieux besoins
De m'enfermer moi-même entre ses quatre coins,
        Si près, qu'à peine on y respire.

Dans la saison des fruits, j'y passe plus d'une heure
Froissant de vieux journaux entre mes doigts crispé
Peut-être j'y mourrai.....
                    Pour les gens constipés,
        Ma prison n'est qu'un leurre !

LA PROMISE

LA PROMISE

Musique de G. MARIETTI.

Mon p'tit Nicolas
Y faut que j' t'écrive,
Y faut bien, hélas !
Te dir' c' qui m'arrive,
Tandis qu' t' es là bas
Dans l'armée active,
J' suis dans l'inaction
V'là ma position.

D'puis deux ans déjà
Qu' t' as quitté l' village,
Tout l' monde te dira
Que j' suis resté sage ;
Quand donc finira
Pour moi ce veuvage,
On va m'enterrer,
Si ça doit durer.

Ici les garçons
M' font la cour ensemble,
J' n'aime pas leurs façons,
Aucun d'eux n' te r' semble,
Mais j'ai des frissons,
Quand on m' pince j' tremble
Je m' sens défaillir,
Tu devrais r' venir.

D'mande une permission
A ton capitaine,
Un' supposition
Pour la s'main' prochaine,
Dis qu' t' as l'intention
D' passer un' huitaine,
A soigner ton bien
Qui d'viendrait à rien.

Tu sais Nicolas,
Je suis ta promise,
Si tu n' venais pas
J' f'rais p' têt' une bêtise,
Quand tu m'épous'ras
J' voudrais pas qu'on dise,
L' fils à Nicolas
Y n' lui r'semble pas,

La musique se trouve chez J. Hielard, éditeur, 7, rue Laffitte, Paris.

FANTAISIE

FANTAISIE

Musique de G. MARIETTI.

Fille de l'esprit Gaulois,
    Fantaisie !
J'oppose à toutes les lois,
    Fantaisie !
Aujourd'hui comme autrefois,
    Fantaisie !
On applaudit mes exploits,
    Fantaisie !

L' Général qu'on peut nommer :
    Fantaisie !
S' fit proscrire et dégommer,
    Fantaisie !
Un Emp'reur se fait détrôner,
    Fantaisie !
Un duc s'fait emprisonner,
    Fantaisie !

Sarah pass' les océans,
 Fantaisie !
Ell' mont' en ballons géants,
 Fantaisie !
Ell' peint des effets d' séants,
 Fantaisie !
Ell' fait la pucell' d'Orléans,
 Fantaisie !

On tue un homme pour un sou,
 Fantaisie !
L'assassin est fourré au clou,
 Fantaisie !
L'avocat prétend qu'il est fou,
 Fantaisie !
M'sieu Deibler lui coup' le cou,
 Fantaisie !

Des savants vieux et grognons,
 Fantaisie !
Sont d'venus très folichons,
 Fantaisie !
Rien qu'en absorbant des rognons,
 Fantaisie !
Pris à des petits cochons,
 Fantaisie !

Par autorisation de l'éditeur. A. LEDUC, 3, rue Grammont, Paris.

ROGNONS ... 1ᵉ QUAL

BALLADE DES GAYS MONTMARTROIS

BALLADE

DES GAYS MONTMARTROIS

... Au Mont de Montmartre
Qui est un lieu moult ancien.
VILLON.

Maître Villon t'a célébré jadis,
Gentil pays de notre bon plaisir,
Mont de Montmartre, aimable Paradis,
Où tout esprit contente son désir,
Parmi les cris et les joyeux propos
Les clercs d'amour y tiennent leurs États ;
Le bon bourgeois goûte un maigre repos
Sur ceste butte où prenons nos esbats.

Sous la tonnelle au jardin Ollivier
Par la fraîcheur des ténébreuses nuits,
Comme un torrent glissant sur le gravier,
Dans les gosiers passe le vin des muids.
Le cliquetis des verres et des brocs
Sert de prélude à d'horribles combats ;
Souvent les crocs font de sanglants accrocs
Sur ceste butte où prenons nos esbats.

Des malandrins nous sommes bons prévôts,
Mais nous gardons notre âme de l'enfer
En escortant la file des dévôts,
Qui vont là haut marmonner leur pater.
Pour nous conduire un prêtre s'est trouvé,
Bénin martyr de cruels célibats,
Il nous bénit quand nous gueulons *Salve !*
Sur ceste butte où prenons nos esbats.

AUBADE

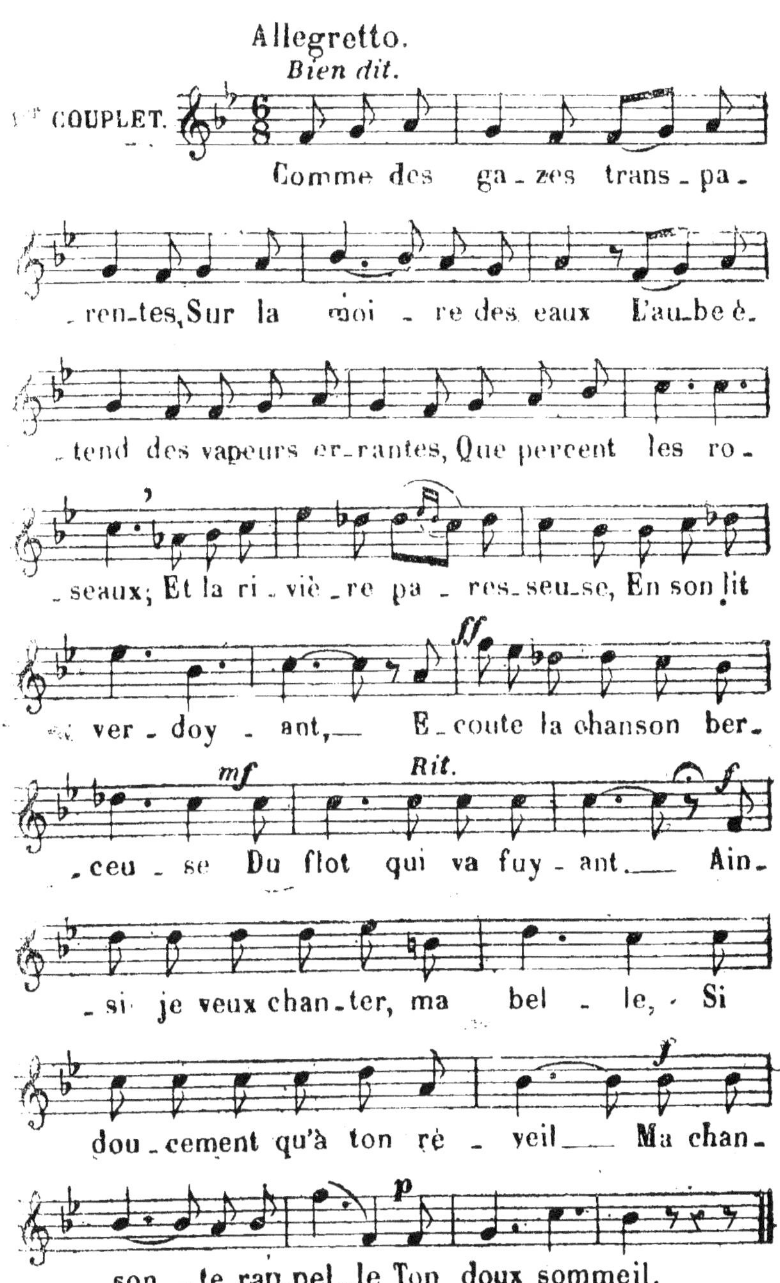

Allegretto.
Bien dit.
1er COUPLET.
Comme des ga_zes trans_pa_
_ren_tes, Sur la moi _ re des eaux L'au_be é_
_tend des vapeurs er_rantes, Que percent les ro_
_seaux; Et la ri_viè_re pa _ res_seu_se, En son lit
_ver _ doy _ ant,___ E_coute la chanson ber_
mf   Rit.   f
_ceu _ se Du flot qui va fuy _ ant.___ Ain_
_si je veux chan_ter, ma bel _ le, _ Si
f
dou_cement qu'à ton ré _ veil___ Ma chan_
p
_son___te rap_pel_le Ton doux sommeil.

AUBADE

Musique de Paul DELMET.

Comme des gazes transparentes,
   Sur la moire des eaux
L'aube étend des vapeurs errantes,
   Que percent les roseaux ;
Et la rivière paresseuse,
   En son lit verdoyant,

Écoute la chanson berceuse
Du flot qui va fuyant.
Ainsi je veux chanter, ma belle,
Si doucement qu'à ton réveil,
Ma chanson te rappelle
Ton doux sommeil.

Le vent qui monte de la plaine
A cueilli ce matin,
Un frais bouquet de marjolaine,
De fenouil et de thym.
Les grappes mauves de glycines
Encensent les balcons
Et l'arbre épand ses étamines
En odorants flocons.
Ainsi je veux brûler, ma belle,
Tant de parfums qu'à ton réveil,
La brise te rappelle
Ton doux sommeil.

Les roses semblent, ingénues,
Exhaler des soupirs,
En offrant leurs lèvres charnues
Aux baisers des zéphyrs.
Sourire ailé, flamme, caresse,
Le papillon charmant

Donne à toutes les fleurs l'ivresse
  D'un fugitif amant.
Ainsi je veux t'aimer, ma belle,
Si tendrement qu'en ton sommeil,
  Un songe te rappelle
    Ce doux réveil.

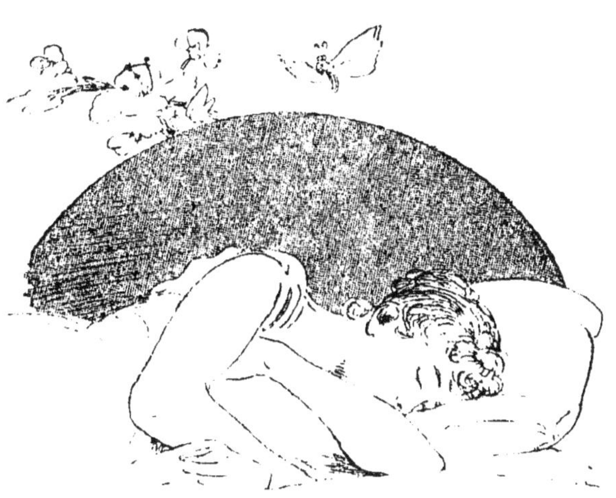

La musique se trouve chez TELLIER, éditeur, 23, rue Auber.

LA LETTRE DE TROUVILLE

12.

LA LETTRE DE TROUVILLE

En parcourant votre missive,
Mon cher mari, j'ai soupiré
(Moquez-vous de la sensitive,
Vilain méchant!) oui, j'ai pleuré :
Malgré votre santé débile,
Contre l'avis des grands docteurs,
Vous voulez venir à Trouville
Avec la goutte et vos douleurs!

Refrain :

De vos projets chacun vous blâme ;
Soyez le meilleur des maris,
Faites plaisir à votre femme
Ami ne quittez pas Paris
Oh! restez à Paris.

Prenez avec soin vos pilules,
A la maison demeurez coi,
J'ai montré votre lettre à Jules,
Votre cousin dit comme moi.
Mais lui, du moins est frais et rose,
C'est un sculpteur plein d'avenir
Et tous les jours chez lui je pose
Pour la Vénus qu'il veut finir.

De vos projets, etc.

Mon bon ami, je deviens triste
En songeant qu'au prochain printemps,
Grâce à l'élixir du droguiste,
Nous fêterons vos soixante ans.

Votre cousin n'en a pas trente,
Aussi, mon cher, le croyez-vous?
Tous les gens qu'ici je fréquente
Ont pris Jules pour mon époux.

    De vos projets, etc.

Le cousin rit de la méprise
Et l'on s'amuse énormément
Aux quiproquos qu'elle autorise;
On se dit tu, très gravement.
Pourtant je pense à vous sans cesse;
A la promenade aujourd'hui,
Mon bras contre le sien se presse...
Je rêvais que vous étiez lui.

    De vos projets, etc.

Ce soir il fait une tempête
Et le vent souffle avec fureur,
Vous le savez ami, c'est bête;
La nuit, le vent me fait grand' peur,
Votre cousin, très charitable,
A bien voulu rester ici :
A deux, c'est moins épouvantable,
En mon nom, dites-lui merci!

Avant de clore ce message,
Au plus aimable des maris,
Je lui souscris, s'il reste sage,
Un baiser payable à Paris.

L'IMPOT SUR LA NOBLESSE

L'IMPOT SUR LA NOBLESSE

Y paraît qu' la particule
Ainsi qu'un' simple pilule,
Pour avoir tout' sa valeur
D'vra passer d'vant l' contrôleur.

On n' verra plus d' chevalier
 D' l'escalier,
Et plus le moindre baron
 Du perron.
T' auras beau t' voiler la face,
 Duc d'en face,
On n' t'appell'ra plus qu'Éloi,
 C'est la loi.

Pour complaire aux ordonnances,
L'épicier port' ses balances
Chez le vérificateur,
Imitant cet électeur.

L' duc soumettra son blason
    Au poinçon ;
La censur' lira la d'vise
    D' la marquise.
On enlèv'ra un fleuron
    Au baron ;
Mais ses arm's resteront seules
    Fort's en gueules.

L'auteur de cette loi traîtresse
N'a pas oublié la caisse,
Le *de* d'viendrait productif,
Car voici son p'tit tarif :

Un *de* d'vant vot' nom ou d'sous
   Quarant' sous,
Pour les titres de Barons
   Cinquant' ronds ;

Pour s' faire app'ler Princ'! dehors
   Un louis d'or,
Et dans les endroits intimes
   Quinz' centimes.

Moi, j' propos' des lois contraires,
J' rendrais les titr's nobiliaires
Obligatoir's et laïcs
Sous pein' des travaux publics ;

J' condamn'rais tous les Duchène
   A six s'maines,
Les Dulong et les Dubois
   A six mois,
Les Duval et les Durand
   A quatre ans,
Les Martin sans épithète
   A perpète !

JUSTINE

JUSTINE

Quand j' vins te d'mander, Justine,
T' avais coiffé Saint'-Cath'rine ;
Ça la surprit sur l' moment
      Ta maman.
Quand j' lui dis qu' t'étais gentille
Et qu' j'épouserais bien sa fille,
Il en est resté baba
      Ton papa.

Comm' t'étais resté pour compte,
Trouvant ma d'mande un peu prompte
Çà la surprit sur l'moment
      Ta maman.
Jusqu'au matin de la noce
J' feignis de n' pas voir ta bosse,
Il en était tout baba
      Ton papa.

En voyant ta jamb' trop courte,
Je n' bougeais pas plus qu'un' tourte,
Çà la surprit sur l' moment
    Ta maman.
Ton faut-œil, tes dents d'ivoire,
J' disais qu' c'était une histoire
Il en était tout baba
    Ton papa.

J' fis de ta poitrine absente
Un' peinture étourdissante,
Çà la surprit sur l' moment
    Ta maman.
Ton corset plein d'artifices
N' cont'nait qu' deux ronds d' **pain d'épices**,
Il en était tout baba
    Ton papa.

T' sachant sourd' comme un' lanterne
J' criais comm' dans une caserne,
Çà la surprit sur l' moment
    Ta maman.
Et pour les chos' plus intimes
J' te jouais des pantomimes,
Il en était tout baba
    Ton papa.

L' matin d' la cérémonie
Je te trouvais rajeunie,
Ça la surprit sur l' moment
    Ta maman.
Troublé par ton r'gard unique
Je prenais un air pudique,
Il en était tout baba
    Ton papa.

J'embrassais avec ivresse
Ton cou de vieille négresse,
Çà la surprit sur l' moment
    Ta maman
J' criais : oui ! si fort que l' maire
N' savait plus comment m' fair' taire,
Il en était tout baba
    Ton papa.

Mais sitôt qu' tu fus ma femme
J' dis : « C'est la dot que j' réclame »,
Çà la surprit sur l' moment
    Ta maman.
Et prétextant une emplette,
Je m' fis compter la galette,
Il en était tout baba
    Ton papa.

Je mis l'or dans un' sacoche
Et les billets dans ma poche,
Ell' s' trouva mal sur l' moment
    Ta maman.
Puis à tous, criant : « bonn' chance ! »
J' leur tirais ma révérence,
Il en est resté baba
    Ton papa.

L'ACTUALITÉ

FIN D'OCTOBRE 1890

L'ACTUALITÉ

FIN OCTOBRE 1890

Chers auditeurs ayez de l'indulgence
Pour ces couplets trop vite improvisés,
J'ai dû grouper en toute diligence
Quelques canards fort mal apprivoisés.

De faits nouveaux la chronique est très sobre,
On reste encore au fond des vieux manoirs,
L'été finit avec le mois d'octobre,
Les jours sont gris et les soirs sont plus noirs.

14

Mais dans Paris pourquoi ces longs silences ?
Calmes répits précédant le chahut,
Les députés reviennent de vacances,
Les écoliers rentrent dans leur bahut.

Dans un palais, tout au bord de la Seine,
La Politique ouvre son casino
Où l'on répète, où l'on va mettre en scène,
Le répertoir' de l'ancien Bobino.

Les grands acteurs savent déjà leurs rôles,
Car on entend en passant sur le quai :   [Drôles
« Vendus ! — Menteurs ! — Renégats ! — Larbins !
...Et la sonnette de Monsieur Floquet.

Mais dans la troup' qui faisait nos délices,
On ne voit plus le brillant général,
Il eut rester dans l'ombre des coulisses,
Il craint la rampe et son éclat brutal.

Laissons-le donc à ses chères études
Et regardons le spectacle nouveau ;
Voyez d'abord les fières attitudes
D'un débutant : Le député Leveau.

A son parrain qu'on appelle *Lemaître*,
Ce député doit un maître succès,
Plus grand encor que le succès du *Maître*,
Dont Jean Julien nous à fait le procès.

Ici, messieurs, il faut de la prudence,
Je tremble un peu d'aborder ce sujet,
D'un grand panier je veux dépeindre l'anse
Et de l'État critiquer le Budget.

Notre Budget hélas ! devient obèse,
Et ne peut plus digérer les impôts,
Le 4 1/2 sur l'estomac lui pèse,
Il a besoin de soins et de repos.

C'est pour cela qu'un ministre héroïque,
Vient d'entreprendre, hier, sa guérison.
Et l'on verra l'*impôt pharmaceutique*
Du déficit avoir enfin raison.

Les détraqués s' piquaient à la morphine,
Mais, dans une heure, un délirant public,
De Cléopâtre ayant vu la mort fine,
Se piquera de s' piquer à l'aspic.

Je dois ici terminer ma romance,
Mes matériaux se trouvant épuisés,
Vous le voyez il faut de l'indulgence
Pour ces couplets trop vite improvisés.

ORAISON FIOUNÈBRE

ORAISON FIOUNÈBRE

Musique de G. Marietti

Le cœur de moa, il était triste
Comme un bonnet pour fair' dormir !
Le sort était un' vrai fioumiste,
La femme à moa vient de mourir;
Médème était dans l'éciourie
(Il aimait beaucoup le cheveau),
C'est là qu'il a perdu la vie...
Depuis je pleurai comme un veau !

Mon femm' passant derrière un bête
(C'était ma plus d'joli cheval),
Reçoit un coup dedans son tête,
Médiat'ment, tout d' souit' s' trouvait mal
Et puis cassait son pip' par terre.
En apprenant ce match fatal
Tous les maris de l'Angleterre
Volaient voir cet noble animal.

Ils me offraient beaucoup guinées
Si je volais leur vendre loui,
Ou prêter loui pour cinq années...
Je serais un' lord aujourd'hui,
Fortioune il me fait pas envie.
Et puis, vous savez pas pourquoi,
Je gard' mon bête à l'éciourie ?...
C'est qu' je pouvais remarier moi !...

La musique se trouve chez LISSARRAGUE, éditeur, 10, rue Taitbout, P...

PARISIENNE

PARISIENNE

Musique de PAUL DELMET

3. La Parisienne.

1er COUPLET.

Qu'elle soit rousse, brune ou blonde,
Qu'elle ait les yeux bleus, noirs ou gris,
Nulle beauté n'égale au monde
L'esprit des filles de Paris.

Parisienne
Au nez fripon,
Magicienne
En court jupon.
Un front de reine,
Des yeux moqueurs ;
La souveraine
De tous les cœurs.

Qu'elle soit rousse, brune ou blonde,
Qu'elle ait les yeux bleus, noirs ou gris,
Nulle beauté n'égale au monde
L'esprit des filles de Paris.

Quand elle trotte
D'un pied léger,
Sa fine botte
Nous fait songer ;
Le regard monte
Et, sans remords,
On fait le compte
De ses trésors.

Quand ton orage
Bon saint Médard,
Tombe et fait rage
Au boulevard,
Elle est ta dupe,
Car il lui faut
Lever sa jupe
Un peu plus haut.

Qu'elle soit rousse, brune ou blonde,
Qu'elle ait les yeux bleus, noirs ou gris,
Nulle beauté n'égale au monde
L'esprit des filles de Paris.

On se hasarde :
« Le beau mollet! »
Q'on le regarde
Cela lui plaît :
Elle se moque
Et rit tout bas,
Du vieux loufoque
Qui suit ses pas.

Qu'elle soit rousse, brune ou blonde,
Qu'elle ait les yeux bleus, noirs ou gris,
Nulle beauté n'égale au monde
L'esprit des filles de Paris.

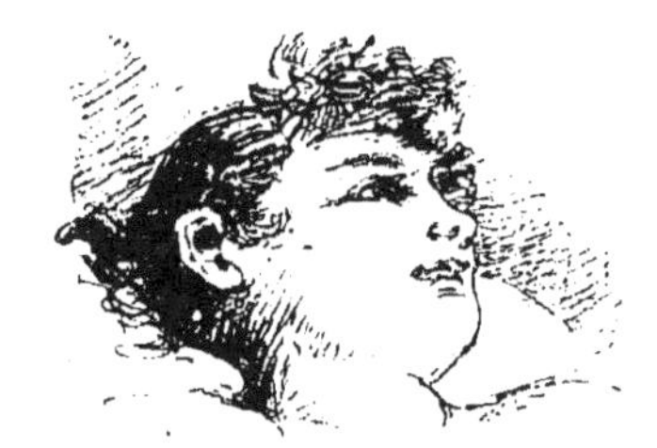

OUF !

OUF !

Paris, en ton nom j'alambique
Sur un mode dithyrambique
Ce refrain monosyllabique,
Qu'on pousse en tombant sur un pouf.
       Ouf !

Le Champ de Mars enfin se ferme ;
Cet événement met un terme
Aux maux de ceux qu'ennuyait ferme
La dictature du pignouf.
       Ouf !

Adieu, Mina, Gretchen la blonde,
Lewis, Bethsy, repassez l'onde,
Rentrez dans votre nouveau monde :
Adieu ! Pietro, Dick, Bob, Yusuf.
       Ouf !

Emportez vos malles énormes,
Vos disparates uniformes.
Anglaises, cachez-nous vos formes
Sous les plis lourds du waterproof.
       Ouf !

Deux cents navires en partance
Vont séparer (saine distance)
Le rastaquouère et la potence :
Nous constatons son dernier pouf.
> Ouf !

Les traiteurs seront plus traitables ;
Nous pourrons nous asseoir aux tables,
Devant des menus confortables.
Et dire enfin : « Mince, c' qu'on bouff' ! »
> Ouf !

Dans le théâtre où l'on sanglote,
Ça sentira moins l'échalotte.
On ne jouera plus la *Mascotte*
Que deux ou trois cents fois aux Bouff'.
> Ouf !

Les clients seront des idoles
Aux yeux des cochers bénévoles,
Nous monterons dans leurs gondoles
Sans t'évoquer mon vieux Surcouf !
> Ouf !

LA REVUE DU MARÉCHAL MONCEY

CHANSON-MARCHE

LA REVUE DU MARÉCHAL MONCEY

CHANSON-MARCHE

Tous les jours entre sept et onze
Drapé dans son manteau de bronze,
  Du haut d' son pied d'estal,
  L'illustre Maréchal,
Voit défiler les régiments
  Des p'tits minois charmants.
Ta ra ta, ta ra ta, ta ta.
Dépêchez-vous mam'zel Tata,
Plan ran plan, plan ran plan, plan plan,
Courez vite en vous en allant.
Moncey ! bravant les fusillades,
Tu sus jadis fair' ton devoir,
Mais devant ces milliers d'œillades
Ton cœur d'airain doit s'émouvoir.

   Les couturières
  Défilent les premières,
  Marchant par atelier
  Et d'un pas régulier,

Mais parfois, troublent l'ordre
Une ancienne, à mi-voix,
Chante un couplet grivois,
Et l' régiment de s' tordre.

Suivant de près leurs cotillons
Voici venir les bataillons,
Des demoiselles de rayons
  Armées de leurs crayons,
Ta ra ta, ta ra ta, ta ta.
Dépêchez-vous mam'zel Tata,
Plan ran plan, plan ran plan, plan plan
Courez vite en vous en allant.

Les blanchisseuses
Sont les moins paresseuses

Les blanchisseuses
Sont les moins paresseuses,
    Sans faire d'embarras.
Leurs paniers sous le bras,
    Elles vont d'un pied leste
Reporter un faux col
    Au Monsieur d' l'entre sol,
    Sans s'inquiéter du reste.
Les sarreaux bridés sur les seins
Des brunisseuses par essaims,
Marchent, terribles fantassins
    Aux regards assassins.
Ta ra ta, ta ra ta, ta ta : etc., etc.

    L'arrière-garde
S'avance prenez-garde,
Quels sont donc ces troupiers?
Qu'ils ont de petits pieds!
C'est le corps des modistes,
L' plus terrible de tous,
Amoureux: garde à vous!
App'lez vos réservistes.
Comme escorte à ces escadrons
De jeunes et jolis tendrons,
On n' voit que des vieux céladons
    Traînant leurs ripatons.
Ta ra ta, ta ra ta, ta ta.
Dépêchez-vous mam'zel Tata.
Plan ran plan, plan ran plan, plan plan,
Courez vite en vous en allant.

MORALITÉS

MÉDOR

CHANSON D'ENFANT

MÉDOR

Mon chien, devant le feu qui flambe,
La queue en l'air, comme un fuseau,
S'étire et vient frôler ma jambe
Du bout pointu de son museau.
Dans ses yeux doux, la flamme danse
Et le menton sur mes genoux,
Médor me fait sa confidence
Lorsque nous sommes entre nous.

C'est bien, c'est très bien
Mon chien,
Vous êtes
La crème des bêtes,
Je vous aime bien,
Médor, mon bon chien !

Que dites-vous de la cuisine !
Votre pâtée est-elle à point ?
Elle vous plaît, on le devine,
Rien qu'en voyant votre embonpoint !
Quoi, vous me léchez la figure
Parce que vous m'aimez dit-on ;
Vous aimez mieux la confiture
Qui me barbouille le menton.

> C'est bien, c'est très bien
> Mon chien,
> Vous êtes
> La crème des bêtes,
> Je vous aime bien,
> Médor, mon bon chien.

Vous aboyez et votre œil brille ;
Aussitôt qu'un vilain rôdeur
S'approche un peu trop de la grille,
Vous protestez avec ardeur.
Mais le soir, à la promenade
Vous fréquentez les chiens mal mis :
Pour demeurer mon camarade
Quittez donc vos mauvais amis.

> C'est bien, c'est très bien
> Mon chien,
> Vous êtes
> La crème des bêtes,
> Je vous aime bien,
> Médor, mon bon chien.

Oui je comprends votre tristesse,
Vivre tout seul est ennuyeux,
Entre son maître et sa maîtresse,
Un pauvre chien n'est pas heureux.
Il faudra que je vous présente,
Si vous êtes sage et discret,
A la levrette de ma tante,
Une chienne au museau fluet.

C'est bien, c'est très bien
Mon chien,
Vous êtes
La crème des bêtes,
Je vous aime bien,
Médor, mon bon chien.

Qu'en dites-vous ? cela vous flatte,
Votre future est d'un grand ton.
Pour aller demander sa patte
Je vous ferai tondre en mouton.
Mais, quoi ? Médor ! que signifie
Cet aboiement triste et grognon ?
Vous n'aimez pas qu'on vous marie !
Vous resterez mon compagnon.

C'est bien, c'est très bien
Mon chien,
Vous êtes
La crème des bêtes,
Je vous aime bien,
Médor, mon bon chien !

LA BELLE FATMA

LA BELLE FATMA

LE CHŒUR

Bonjou, bonjou, Salamalec,
La mouquère ouvre son bec.

LA MOUQUÈRE

C'est Allah qui créa
La gentille Fatma,
Sa mère et son papa,
Le public cri' : Bravo !
Pour la hourri, hurrah !
Hurrah pour le piano.

LE CHŒUR

La bell' Fatma,
La bell' Fatma,
Quand je la vois j'en perds l'esprit.
Kouss kouss à la Difa,
Bonbon d'Afrique et poisson frit.
La bell' Fatma,
La bell' Fatma.

LA MOUQUÈRE

Fatma se mariera,
Un jour elle épous'ra
Un roumi qu'ell' aim'ra ;
Mais pour le conjugo
On le circoncis'ra
Çà lui f'ra du bobo.

LE CHŒUR

La bell' Fatma, etc.

LA MOUQUÈRE

Où sa baraque ira
Son époux la suiv'ra,
A Stamboul, à Péra,
Au Hammam, au Bardo,
En fac' de l'Opéra,
Ou devant Fernando.

LE CHŒUR

La bell' Fatma, etc.

LA MOUQUÈRE

Le mari qu'elle aura
A tout jeu gagnera,
Reims, pokeur, bog, mata,
Jaquet, tric-trac, loto,
Manille, bacarat,
Bézigue et domino !

18.

TABLE

FIN DE LA TABLE

SAINT-DENIS. — IMPRIMERIE BOUILLANT, 20, RUE DE PARIS.

Reliure serrée

Bibliothèque nationale de France - Paris

MIRE ISO N° 1

A F N O R 92049 PARIS LA DÉFENSE

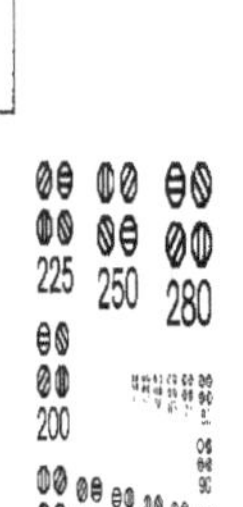

225 250 280
200
180 160 140 125 112 100

PRODUCTION SCRIPTUM PARIS

en conformité avec NF Z 43-011 et ISO 446:1991

22 23 24 25 26 27 28 29 30 31 32 33 34 35 36 37

JUILLET 2000 Atelier de reproduction-MLV